LE MAYFLOWER,
CAP SUR LE NOUVEAU MONDE

— Le mythe fondateur des États-Unis

par Marine Libert

50MINUTES

Avec la collaboration de Christelle Klein-Scholz

LE MAYFLOWER

- **Quand** ? De septembre à novembre 1620.
- **Où ?** De Plymouth (Angleterre) à Plymouth (Amérique du Nord),
  au cap Cod, sur le site de l'actuel Provincetown (Massachusetts).
- **Contexte ?**
  - Les guerres de religion en Europe (XVIe-XVIIe siècles).
  - Les mesures de Jacques Ier (roi d'Angleterre et d'Irlande,
    1566-1625) à l'encontre des séparatistes puritains, une mino-
    rité de protestants calvinistes souhaitant se séparer de
    l'Église anglicane.
  - Les premières implantations permanentes de colons anglais
    en Amérique du Nord.
- **Protagonistes ?**
  - Les *Pilgrim Fathers* (« pères pèlerins »), des puritains en
    désaccord avec l'Église d'Angleterre cherchant à se séparer
    de celle-ci et à s'établir dans un lieu où ils pourront vivre selon
    leurs préceptes religieux.
  - Des Anglais non puritains ou non séparatistes, sans réelle
    conviction religieuse et à la recherche d'un nouveau départ.
  - Les Wampanoags, les indigènes peuplant la région où
    débarquent les pèlerins.
- **Répercussions ?**
  - Le début de la colonisation de la Nouvelle-Angleterre.
  - Le début des guerres indiennes.
  - La naissance du mythe fondateur des États-Unis d'Amérique.

Du XVIe au XVIIe siècle, l'Europe est secouée par des conflits religieux.
La Réforme protestante, commencée en 1516 en Suisse par le curé
Ulrich Zwingli (1484-1531) et poursuivie l'année suivante par le théo-
logien Martin Luther (1483-1546) en Allemagne, remet en question

la légitimité du pouvoir papal ainsi que celle de toute la hiérarchie épiscopale. La conciliation avec Rome ayant échoué, la scission entre l'Église catholique romaine et les Églises protestantes est inévitable. Cette rupture a des conséquences politiques importantes. En effet, certains rois et princes profitent de l'occasion pour s'affranchir du pouvoir intrusif de la papauté. C'est le cas en Angleterre, où le roi Henri VIII (1491-1547) fonde en 1534 l'Église protestante anglicane, qui se retrouve sous son autorité. Cette nouvelle religion d'État, après avoir été abolie par Marie Tudor (reine d'Angleterre et d'Irlande, 1516-1558), est rétablie et confortée par Élisabeth Ire (reine d'Angleterre et d'Irlande, 1533-1603) ainsi que par ses successeurs. Après une période d'indécision religieuse, l'anglicanisme se veut désormais fédérateur, punissant toute pratique d'autres rites, et doit donc être unifié.

Au vu du climat de répression religieuse qui règne en Angleterre, 102 migrants quittent le port de Plymouth à bord du vaisseau *Mayflower* en 1620 pour atteindre les terres encore largement inconnues d'Amérique du Nord et y commencer une nouvelle vie. Ces voyageurs sont, pour beaucoup, des puritains en désaccord avec le protestantisme anglican. Leur voyage s'annonce long et périlleux, mais la perspective de pouvoir vivre librement leur religion les pousse à affronter tous les dangers. Ouvrant la voie à de nombreux autres colons, ces voyageurs sont à l'origine du mythe fondateur des États-Unis d'Amérique.

CONTEXTE

LES PERSÉCUTIONS RELIGIEUSES EN ANGLETERRE

Dès son accession au pouvoir, en 1553, Marie Tudor tente d'abolir le protestantisme anglican mis en place par son père Henri VIII. Issue du premier mariage de ce dernier avec l'infante espagnole Catherine d'Aragon (1485-1536), de religion catholique, Marie Ire est restée, elle aussi, profondément fidèle à l'Église de Rome. Persécutant les protestants pour rétablir le culte catholique, elle ordonne la mise à mort de 284 personnes, dont une grande partie est condamnée au bûcher. Cette répression lui vaudra le surnom de *Bloody Mary* (« Marie la Sanglante »). À la mort de Marie Tudor, en 1558, sa demi-sœur Élisabeth Ire rétablit le protestantisme anglican.

ANGLICANISME *VERSUS* PURITANISME

Pragmatique, Élisabeth Ire a pour objectif principal l'unité nationale et, pour y parvenir, elle met en œuvre une politique de compromis. L'anglicanisme qu'elle promeut est un mélange modéré de catholicisme et de protestantisme. Or ce compromis ne satisfait ni les catholiques, attachés à l'autorité papale de Rome, ni les protestants calvinistes, qui aspirent à une réforme de l'Église bien plus vaste. Ces derniers désirent un culte plus dépouillé et proche des origines, loin des fastes déployés par l'Église catholique. Ils en rejettent également la structure hiérarchique, remettant notamment en question le rôle des évêques. Cette volonté de « purifier » l'Église anglicane de l'influence catholique leur vaut le nom de puritains. Pour ces derniers, la congrégation est la seule unité d'organisation possible, d'autant plus qu'on en trouve une trace dans la bible, ce qui atteste sa légitimité. Chaque congrégation, auto-créée et indépendante, élit un pasteur formé à l'université qu'elle peut destituer à tout moment. Seule l'autorité de ces pasteurs est reconnue par les puritains, ce qu'Élisabeth Ire considère à terme comme une menace vis-à-vis de son statut de chef de l'Église : elle ne peut donc accepter.

L'arrivée au pouvoir du roi Jacques VI (roi d'Angleterre, d'Écosse et d'Irlande, 1567-1625) en 1603 suscite l'enthousiasme des puritains. L'Église d'Écosse ayant été fondée sur un modèle calviniste, ils espèrent que celui-ci sera étendu à l'Angleterre. Mais leurs espoirs sont déçus : Jacques VI, devenu Jacques Ier d'Angleterre, suit la ligne de l'anglicanisme élisabéthain et réaffirme l'importance des évêques : « *No bishop, no king.* » (« Sans évêque, pas de roi », BARLOW (William), *The Summe of the Substance and the Conference which it Pleased His Excellent Majestie to Have with the Lords Bishops and Others of his Clergie (at which the Most of the Lords of the Council Were Present) in His Majesties Privie-Chamber, at Hampton Court, Jan. 14 1603*, Bye and Law Printers, 1804, p. 27) Par cette phrase prononcée en 1604 lors d'une rencontre avec des puritains, il assied sa légitimité selon le principe de droit divin : c'est Dieu qui l'a fait roi et il est aidé dans sa tâche par les évêques.

Plus fâcheux encore, la politique envers les dissidents se durcit sous son mandat. En effet, Jacques Ier considère que les réunions secrètes en vue de communier sont un lieu propice aux conspirations contre le pouvoir. Les pasteurs influents sont donc arrêtés, ce qui divise de plus en plus les puritains. Si certains espèrent toujours pouvoir purifier l'Église anglicane de l'influence catholique, d'autres sont désormais persuadés que l'influence du catholicisme perdurera. Pour ces derniers, il devient nécessaire de se séparer de cette Église, ce qui leur vaut le nom de « séparatistes ». Le projet de partir afin de vivre librement leur religion loin de la couronne anglaise s'impose alors de plus en plus dans les esprits.

UNE FUITE EN HOLLANDE

Une congrégation de puritains séparatistes du village de Scrooby (situé dans le Nottinghamshire, en Angleterre) prend la décision de fuir, alors qu'il est interdit de quitter le pays sans autorisation. Après une première tentative malheureuse en 1607, les séparatistes de Scrooby parviennent à s'enfuir en 1608 et s'installent en Hollande dans la ville de Leyde.

Leyde, cette ville universitaire où la liberté personnelle et intellectuelle est garantie par la justice, attire un grand nombre de protestants d'affiliation puritaine. Là, les séparatistes issus de la campagne anglaise s'adaptent à un nouveau mode de vie plus urbain, mais cela ne se fait pas sans peine. En tant qu'étrangers, beaucoup acceptent d'effectuer des tâches épuisantes dans l'industrie du textile. Peu à peu, ils prennent conscience de leur condition d'exilés, poussant William Bradford (1590-1657), un séparatiste anglais, à écrire dans ses chroniques : « *They knew they were Pilgrims* » (« Ils savaient qu'ils étaient des pèlerins »), un pèlerin étant, selon l'étymologie un « expatrié », un « exilé » (BRADFORD (William), *Of Plymouth Plantation (1620-1647)*, New York, Alfred A. Knopf, 1952, p. 33).

Alors que la trêve entre la Hollande et l'Espagne catholique touche à sa fin, le risque de voir cette dernière prendre le contrôle de Leyde est grand pour les puritains. Ceux-ci décident alors de partir et reçoivent l'autorisation du gouvernement anglais ainsi qu'un financement de la Compagnie de Virginie pour s'établir en Amérique. La motivation du gouvernement anglais est simple : face au potentiel commercial d'une nouvelle colonie, la religion des colons devient tout à fait secondaire. Il délivre donc une patente aux colons qui leur donne le droit de s'installer en Amérique dans l'embouchure du fleuve Hudson. La congrégation puritaine de Leyde quitte alors la Hollande à bord d'un navire marchand, le *Speedwell*, pour rejoindre l'Angleterre où les attend le *Mayflower*, un second navire prévu pour la traversée.

EN ROUTE POUR LE NOUVEAU MONDE

Partir pour l'Amérique est une entreprise véritablement périlleuse. Il faut non seulement survivre à la traversée de l'océan Atlantique, mais également s'adapter à une vie nouvelle sur des territoires inconnus. De plus, d'horribles récits circulent en Angleterre sur le destin des premiers colons anglais qui y ont été envoyés. Les habitants de Roanoke (île située près des côtes de l'actuelle Caroline du Nord), surnommée « la colonie perdue », ont en effet disparu sans laisser de traces. Les colons de Jamestown (Virginie) ont quant à eux été décimés par la famine, les maladies et les attaques amérindiennes. Comme d'aucuns estiment que les premiers colons étaient mal préparés, des hommes possédant des savoir-faire essentiels à la construction d'une nouvelle société, tels que des charpentiers et des forgerons, sont recrutés. Il s'agit le plus souvent de puritains non séparatistes ou d'anglicans, mais la majorité ne possède pas de convictions religieuses solides. S'ils sont qualifiés d'« étrangers » par les pèlerins, tous partagent un objectif commun : prendre un nouveau départ.

LE SAVIEZ-VOUS ?

Le fondateur de la colonie de Jamestown n'est autre que le capitaine John Smith (vers 1579-1631), célèbre pour avoir côtoyé Pocahontas (vers 1596-1617), la fille du chef amérindien de la confédération des tribus, Powhatan. En 1607, John Smith aurait été capturé par ces derniers, puis sauvé par la jeune Indienne alors âgée de 12 ans. Suite à cet épisode, une amitié serait née entre eux. En 1609, blessé par une explosion de poudre, John Smith regagne l'Angleterre.

La traversée doit au départ se faire sur les deux navires : le *Mayflower* et le *Speedwell*. Cependant, suite à un problème de coque, le *Speedwell* reste à quai à Plymouth (Angleterre). Comble de malchance, de violents vents retardent le départ. Les passagers, bloqués à bord du bateau, consomment déjà une partie des provisions. Il faut attendre le 6 septembre pour que le *Mayflower* quitte le port d'Angleterre.

LES PÈLERINS DE LA CONGRÉGATION DE SCROOBY

William Brewster (1566-1644)

Né à proximité de Doncaster en 1566, William Brewster est issu d'une famille aisée. Il étudie brièvement à Cambridge puis entre au service de William Davison (1541-1608), le secrétaire d'État de la reine Élisabeth, en 1584. Sa carrière diplomatique s'arrête lorsque son mentor, tombé en disgrâce, est arrêté et emprisonné. Il devient alors maître des postes à Scrooby et vit dans un manoir dans lequel la congrégation tient régulièrement ses réunions secrètes.

Brewster est le seul pèlerin du *Mayflower* ayant une expérience politique et diplomatique. Il est également le laïc de plus haut rang au sein de la congrégation et, de ce fait, il s'impose rapidement comme un des leaders de la communauté. Lorsque la congrégation se trouve à Leyde, il profite de la liberté d'expression qui y règne pour imprimer un grand nombre de tracts critiquant la politique et l'anglicanisme de Jacques Ier. Furieux, ce dernier envoie des hommes le poursuivre jusqu'en Hollande.

Au moment de préparer activement le départ pour le Nouveau Monde, Brewster est donc forcé de se cacher et de fuir. Sa disparition est un coup dur pour la congrégation, car tous comptaient sur son expérience en politique pour négocier avec les autorités de Londres. Brewster parvient finalement à rejoindre les passagers du *Mayflower* à Southampton juste avant le grand départ en septembre 1620.

À Plymouth, il est le plus âgé du groupe et devient le conseiller du gouverneur William Bradford. Il meurt en avril 1644 et est enterré dans le cimetière de la communauté.

John Carver (avant 1584-1621)

On sait peu de chose sur la vie de John Carver avant son mariage avec Katherine, une des membres de la congrégation puritaine à Leyde. Suite à ce mariage, il tisse des liens étroits avec les dirigeants de la congrégation, notamment avec le pasteur John Robinson (1575-1625), et devient diacre. Lorsque William Brewster est obligé de se cacher pour échapper aux hommes de Jacques Ier, c'est Carver qui s'occupe des négociations avec le gouvernement anglais. Son autorité est telle qu'il sera élu gouverneur de la communauté une fois la colonie arrivée en Amérique.

En 1621, au terme d'une journée de travail, il est pris d'un terrible mal de tête accompagné de sévères maux de dos, après quoi il sombre dans le coma et ne s'en remet relèvera pas. Sa femme succombe elle aussi cinq semaines plus tard, tous deux ayant été fortement affaiblis par une maladie contractée au mois de janvier.

William Bradford (1590-1657)

Né dans le bourg d'Austerfield (Yorkshire), William Bradford est issu d'une famille de fermiers aisés. À 12 ans, il perd ses parents, sa sœur ainsi que son grand-père et doit vivre chez ses deux oncles. Souffrant d'une santé fragile, il ne peut travailler aux champs et passe de longues heures à lire. Il acquiert ainsi des convictions religieuses qui le poussent à quitter Austerfield afin de trouver une communauté en accord avec ses convictions personnelles. Il la trouve finalement dans la communauté de Scrooby.

Deuxième gouverneur de la communauté des colons de Plymouth, il est élu au printemps 1621 suite au décès de John Carver. Il est par la suite reconduit 30 fois à ce poste de 1621 à 1656. Il est également l'auteur d'un journal couvrant les 30 premières années de la colonie de Plymouth. Ce dernier a été publié sous le titre *Of Plymouth Plantation*.

À sa mort en 1657, il est enterré au cimetière de Plymouth. Sur sa tombe on peut lire : « Qua patres difficillime adepti sunt nolite turpiter relinquere. » (« Ce que vos pères ont amassé avec tant de peine, gardez-vous de le négliger »)

John Robinson (1575-1625)

Né à Sturton le Steeple (Nottinghamshire), John Robinson étudie à l'université de Cambridge puis est admis au *Corpus Christi College*. Pasteur installé à Norwich avec son épouse, il entre en conflit avec l'évêque de la ville sur des questions de doctrine et est suspendu de son ministère. Il rentre alors à Sturton le Steeple et se lie d'amitié avec William Brewster, dont il partage les idées. Il devient le pasteur de la congrégation de Scrooby.

N'ayant pas pris part au voyage des pèlerins, il reste aux Pays-Bas où il s'occupe des membres de la communauté contraints de reporter le voyage suite à l'abandon du *Speedwell*. Alors qu'il espère rejoindre la colonie, il décède le 1er mars 1625 à Leyde.

LES « ÉTRANGERS »

Christopher Martin (1582-1621)

Né en 1582, Christopher Martin est le gouverneur du *Speedwell*. Il entre rapidement en désaccord et en conflit avec les puritains. En effet, depuis le début du projet, il refuse de coordonner ses efforts à ceux des pèlerins en vue de préparer le voyage, préférant agir seul. Pourtant, lorsque le navire est déclaré inapte à la traversée, il devient gouverneur du *Mayflower* jusqu'à ce qu'il soit remplacé par John Carver.

Il meurt lors du terrible hiver de 1621.

Christopher Jones (1570-1622)

Né en 1570, Christopher Jones est le capitaine du *Mayflower*, poste qu'il occupe depuis 11 ans en 1620. Avant de partir pour l'Amérique, il transportait du vin français vers l'Angleterre et de la laine anglaise vers la France.

Pour conduire les pèlerins jusqu'au Nouveau Monde, il s'appuie sur son second, Robert Coppin, et son pilote, John Clark (1573-1623), qui ont tous deux déjà effectué la traversée.

Une fois les pèlerins installés, il retourne en Angleterre et effectue un autre voyage vers la France. Il meurt à son retour en mars 1622.

LES INDIENS

Massasoit (1580/1590-1660/1662)

Né en 1590, Massasoit est le chef de la tribu des Wampanoags, les indigènes qui peuplent la baie du Massachusetts où débarquent les passagers du *Mayflower*. Il est à l'origine d'une alliance qui permet aux pèlerins de s'adapter au territoire américain, notamment en leur montrant comment cultiver le maïs. En retour, les pèlerins lui apportent un soutien militaire face aux autres tribus indiennes.

Il meurt dans des circonstances obscures entre 1660 et 1662. Son fils, Wamsutta (Alexandre) prend sa succession, mais décède peu de temps après. C'est alors au tour de Metacom (Philip) de prendre le pouvoir.

LE *MAYFLOWER*

LA TRAVERSÉE

Si, au départ, les pèlerins espèrent déplacer l'ensemble de la communauté de Leyde vers la colonie, nombreux sont ceux qui ont finalement renoncé à partir. La fatigue, la peur ou encore le manque de places dû à l'abandon du *Speedwell* réduisent le nombre de pèlerins qui effectuent le voyage. Seule la moitié des passagers initialement prévus effectuent la traversée. Or leur radicalisme religieux, leur style de vie austère et leur « arrogance » – les pèlerins se considérant comme des modèles de piété – ne plaisent pas aux « étrangers ». Des conflits éclatent donc rapidement.

Face aux difficultés du voyage, le pasteur John Robinson encourage ses ouailles à « s'armer de patience contre les mauvais jours, sans laquelle [ils prendraient] ombrage des œuvres saintes et justes du Seigneur [...] » (BRADFORD (William), *Of Plymouth Plantation*, p. 56). Cette phrase illustre bien l'état d'esprit des puritains, persuadés que toutes les épreuves qu'ils traversent sont voulues par Dieu. La confrontation avec les « étrangers » doit donc être considérée comme une épreuve parmi d'autres, au même titre que les moqueries des marins qui les voient atteints du mal de mer.

Les conditions de vie sur le bateau sont des plus rudes. En cas de mauvais temps, le pont n'est plus accessible aux passagers, qui sont dès lors confinés dans l'entrepont, rapidement envahi d'odeurs fétides qui, ajoutées à la promiscuité et au manque d'air frais, rendent l'air irrespirable. En outre, la nourriture se raréfie et le manque de vitamines provoque le scorbut. Malheureusement pour les voyageurs, de plus en plus affaiblis, le calvaire semble devoir se prolonger. Dévié par la tempête, le bateau se trouve plus au nord que prévu : au lieu d'être à l'embouchure de l'Hudson, il longe la côte du cap Cod. Après s'être dirigé vers le sud dans le but de rejoindre la destination prévue initialement et avoir manqué de briser le bateau contre des récifs, le capitaine Jones se résout à jeter l'ancre au cap Cod.

LA CONVENTION DU *MAYFLOWER*

La préparation du débarquement ne se fait pas dans la sérénité. Des agitateurs se regroupent et insistent pour prendre leur liberté une fois à terre, refusant par là toute forme de commandement. Pour la plupart, il est hors de question de vivre dans une communauté dirigée par des radicaux religieux. Cependant, certains d'entre eux sont conscients que le meilleur moyen de faire de cette expédition une réussite économique est de rester uni dans l'adversité, réussite que compromettent ces mouvements de colère. Le besoin d'aboutir à un accord entre les différents groupes de voyageurs finit donc par s'imposer : le *Mayflower Compact* (« La convention du *Mayflower* ») est né.

Ce pacte est l'une des pierres angulaires du mythe de la fondation des États-Unis, puisqu'il s'agit, dans l'imaginaire américain, de l'un des textes fondateurs de la démocratie américaine. Les *Pilgrim Fathers*, qui ont vécu jusque-là dans leur bulle théocratique, mettent en place une séparation entre la loi et la spiritualité. Leur séjour en Hollande leur a permis d'apprécier les avantages d'une société respectant cette division de l'Église et de l'État – d'autant plus que, au vu du nombre d'« étrangers » vivant parmi eux, il leur est tout simplement impossible de faire autrement. Par ce texte, ils s'engagent à respecter les « lois justes et égales pour tous » (*ibid.*, p. 75-76) qu'adoptent les dirigeants d'un gouvernement provisoire (*Civil Body Politic*). La religion puritaine reste cependant de rigueur.

Avant de poser le pied à terre, chaque homme en assez bonne santé écrit son nom ou trace une croix en bas de la convention. Le document signé, les colons se choisissent un chef. Si les « étrangers » sont divisés, les pèlerins votent en masse pour le même homme, John Carver. C'est donc sans surprise qu'un des leurs est élu gouverneur à la place de Christopher Martin.

Le 15 novembre 1620, les colons du *Mayflower* posent le pied sur le sol américain. Après les premiers jours, consacrés aux ablutions ainsi qu'à la réparation de la chaloupe, une première expédition vers l'intérieur des terres est organisée afin de trouver un cours d'eau près duquel s'installer.

PREMIERS CONTACTS AVEC LES WAMPANOAGS

Dès cette première expédition, ils découvrent des traces de présence indienne. Des sépultures, des huttes abandonnées ou encore des réserves de maïs sont visibles, mais aucun indigène ne se montre. Les colons s'emparent alors des céréales ainsi que de quelques objets, ce qui leur vaut de s'attirer immédiatement la méfiance des Indiens. Les expéditions se multiplient ensuite, jusqu'à ce qu'une première rencontre avec les indigènes se produise. Celle-ci est loin d'être pacifique : une volée de flèches s'abat sur les colons, qui répondent à coup de mousquets.

Suite à cet incident, la recherche d'un endroit propice à leur installation définitive reprend. Le 20 décembre 1620, ils décident d'implanter la colonie permanente à deux kilomètres du rocher de Plymouth, au bout de Long Beach. L'hiver y est extrêmement rude, les voyageurs affaiblis souffrent de rhumes, de fièvres, mais également du scorbut. Les réserves s'épuisent et c'est péniblement que les premières maisons du village sont construites. Dans le courant des mois de février et de mars, de très nombreux hommes perdent la vie.

De plus, les Indiens ne cessent de les épier, et la crainte d'une attaque imminente s'ajoute au supplice des pèlerins. Un jour, un Indien se décide à pénétrer dans la colonie. D'après le témoignage laissé par William Bradford, l'indigène n'a pas peur, malgré l'alarme qui retentit dans le campement, et, lorsqu'il voit sa route barrée par un colon, il s'exclame, à la grande surprise de tous, « Bienvenue, Anglais ! » (YOUNG (Alexander), *Chronicles of the Pilgrims Fathers of the Colony of Plymouth*, Boston, C.C. Little and J. Brown, 1841, p. 182)

RENCONTRE OFFICIELLE ET ALLIANCE

Impressionnés, les colons lui offrent à manger et à boire et l'installent à l'intérieur, car, à la stupéfaction générale, l'Indien, nommé Samoset (vers 1590-1653), est presque entièrement nu malgré le vent glacial. Il n'est pas de la région, mais de Pemaquid Point, dans le Maine. C'est au contact de pêcheurs européens qu'il a appris les rudiments de la langue anglaise. Grâce à lui, les colons apprennent que la terre qu'ils s'apprêtent à habiter était autrefois très riche, largement cultivée et abondamment peuplée, jusqu'à ce qu'une maladie décime la population.

DES VIRUS MORTELS

Les maladies qui ont ravagé la population indienne quelques années avant l'arrivée du *Mayflower* ont été amenées par les Anglais qui pêchaient dans les eaux du Maine. Il s'agit entre autres de la grippe, de la rougeole, des oreillons ou encore de la tuberculose. Généralement bénignes pour les Européens, elles sont fatales pour les Indiens qui, n'ayant jamais été mis en contact avec le virus, ne sont pas immunisés. Les pèlerins verront dans cette terrible situation un signe de la volonté divine : leur terre promise a été désertée afin qu'ils puissent s'y installer.

Cinq jours après sa première visite, Samoset revient pour annoncer la venue du chef des Wampanoags, Massasoit. Après s'être montré hostile à l'arrivée des colons, suite au massacre de certains de ses hommes par des marins anglais de passage quelques années auparavant, Massasoit remarque que ces voyageurs paraissent différents. Ils semblent en effet plus pacifiques, sont accompagnés de femmes et d'enfants, et veulent s'installer durablement. Mais s'il accepte les colons sur son territoire, c'est également parce que son peuple est ravagé par la maladie. Or, la tribu ennemie, les Narragansetts, n'est pas touchée et se montre de plus en plus menaçante. Une alliance tactique avec les colons paraît dès lors intéressante pour Massasoit. Les Wampanoags leur apprennent donc à cultiver le maïs et à constituer des réserves pour l'hiver prochain en échange du soutien militaire des colons. Cette alliance s'avère payante : quelques mois plus tard, quand Massasoit est enlevé par ses rivaux, les Anglais viennent le délivrer.

À L'ORIGINE DE THANKSGIVING

Peu après cet épisode, la colonie de Plymouth invite Massasoit et ses hommes à un repas au sein du village. À cette époque de l'année, les récoltes de maïs, d'orge, mais aussi de courges, de haricots et de pois sont rentrées et les colons possèdent de la nourriture en abondance. C'est le moment que William Bradford choisit pour se réjouir ensemble d'une manière tout à fait spéciale. Il déclare trois jours de *Thanksgiving* (littéralement « action de grâce »).

Historiquement, les actions de grâce sont des fêtes chrétiennes durant lesquelles on remercie Dieu par des prières et des réjouissances pour les bonnes choses qui se sont déroulées durant l'année. Cette fête rappelle également la fête anglaise traditionnelle des moissons, au cours de laquelle les villageois se retrouvent pour célébrer la fin de l'été. Les pèlerins sont rapidement rejoints par Massasoit et une centaine de ses guerriers qui arrivent à la colonie avec cinq cerfs fraîchement abattus.

Ce jour, symbole d'union de la future société américaine, est encore aujourd'hui célébré. Chaque quatrième jeudi du mois de novembre, les Américains préparent un repas à base de dinde et de tarte au potiron en souvenir de ce repas d'automne 1621. Largement mythifiée et réécrite, l'histoire de la fête de Thanksgiving est fortement liée à l'histoire des États-Unis.

- 21 -

LE SAVIEZ-VOUS ?

Aux XVIIe et XVIIIe siècles, Thanksgiving n'est pas fêté chaque année. C'est le président américain Abraham Lincoln (1809-1865) qui, en 1863, fixe la date officielle au quatrième jeudi de novembre. En pleine guerre civile (1861-1865), Thanksgiving est pour lui l'occasion de réunir l'ensemble du peuple américain, alors divisé, autour d'une fête officielle et commune. Au cours du XXe siècle, des voix se sont élevées pour dénoncer la mythification de Thanksgiving, qui laisse peu de place aux heures les plus sombres de la colonisation, et notamment à la vraie nature des relations entre les premiers colons et les peuples indigènes.

RÉPERCUSSIONS

DE NOUVELLES COLONIES

Les pèlerins du *Mayflower* ouvrent la voie à de nombreux autres colons fuyant les persécutions religieuses en Europe. En novembre 1621, environ 12 mois après leur arrivée, un navire dépose 36 personnes à Plymouth, dont certaines faisaient partie de la congrégation de Leyde. La colonie se développe donc favorablement.

En 1630, le roi Charles Ier d'Angleterre (1600-1649) donne son autorisation pour la création d'une autre colonie, la colonie de la baie de Massachusetts, sous la conduite de John Winthrop (1588-1649). Là aussi, un gouvernement local composé d'hommes libres et de puritains est mis en place. En 1691, la colonie de Plymouth est annexée par celle de Massachusetts. L'embouchure de l'Hudson, où devaient débarquer les pèlerins de Plymouth, va quant à elle voir s'établir une colonie hollandaise en 1624. Quarante ans plus tard, les Anglais chassent les Hollandais de La Nouvelle-Amsterdam et rebaptisent la ville New York, en l'honneur du duc de York, frère du roi Charles II d'Angleterre (1630-1685) et futur Jacques II (1633-1701). D'autres colonies sont prises aux Hollandais, dont notamment la colonie du Delaware, fondée en 1638 par la Suède.

Dans les premières décennies de la colonisation américaine, de nombreux courants religieux radicaux issus du protestantisme se développent : séparatistes, antinomiens, anabaptistes, millénaristes et quakers débarquent en Amérique. Or, les puritains du Massachusetts tolèrent peu les contestataires : l'exécution de la quakeresse Mary Dyer (vers 1611-1660), pendue pour ses convictions religieuses, illustre à ce titre leur intolérance.

Le fondateur de Rhode Island, Roger Williams (théologien et pasteur nord-américain, 1603-1683), a connu de sérieux désaccords avec le ministre et pasteur du Massachusetts, John Cotton (1584-1652). En effet, la colonie de Roger Williams met en avant la séparation entre l'Église et l'État – selon lui insuffisamment respectée par les puritains du Massachusetts –, mais surtout le pluralisme religieux. Nombreux sont les membres de ces courants non-orthodoxes, mais aussi les juifs, qui y trouvent refuge. Thomas Hooker (1586-1647), un religieux puritain, connaît lui aussi des dissensions doctrinales avec John Cotton, qui l'amènent à fonder le Connecticut. En outre, la colonie du Maryland, créée en 1632 par Cecilius Calvert (1605-1675) et sa famille, accueille la minorité catholique anglaise. Par la suite sont fondées les colonies de la deuxième génération : la Caroline du Nord (1653), la Caroline du Sud (1663), le New Jersey (1664), la Pennsylvanie (1682) et la Géorgie (1733).

Ces treize colonies anglaises prospèrent et donnent naissance en 1776 aux États-Unis d'Amérique lors de la signature de la Déclaration d'indépendance.

LA GUERRE DU ROI PHILIP

L'arrivée du *Mayflower* en Nouvelle-Angleterre marque également le début des guerres indiennes, conflits qui opposent les colons, et plus tard le gouvernement des États-Unis, aux tribus amérindiennes. Dans le cas de la colonie de Plymouth, le conflit qui oppose les habitants européens aux Indiens se nomme la guerre du roi Philip.

Lorsqu'en 1662, Massasoit meurt, c'est son fils, Metacomet (vers 1639-1676), appelé également roi Philip, qui devient le *sachem* (« le chef ») des Wampanoags. À cette époque, les relations avec les Européens sont relativement tendues en raison de l'arrivée en masse d'Anglais qui n'hésitent pas à s'établir dans l'intérieur des terres. Ces territoires colonisés sont achetés souvent pour des sommes dérisoires aux Indiens qui ne connaissent pas la notion de propriété privée. Les inégalités entre les deux peuples ne s'arrêtent pas là, puisque, pour un même crime, la sentence n'est pas identique : si un colon tuant un Indien n'est que peu inquiété par les autorités coloniales, un Indien risque, quant à lui, la peine de mort.

Si Philip décide de se débarrasser des colonies, il doit néanmoins attendre le bon moment pour agir. Il contacte donc secrètement les autres tribus et tente de les rallier à sa cause. Il rassemble également un grand nombre d'armes qui lui sont fournies par les colonies françaises implantées en Acadie. Et lorsqu'un Amérindien converti servant d'informateur aux Anglais est assassiné sur ordre de Philip, en 1675, les événements se précipitent. Trois Wampanoags sont arrêtés et exécutés après une parodie de procès. Aussitôt, les Indiens se révoltent et attaquent le campement de Swansea (Massachusetts) en juin. Cette attaque est suivie de plusieurs raids sanglants.

Les premières victoires de Philip convainquent les tribus des Narragansetts et des Nipmucks de se joindre aux Wampanoags. Mais dès le mois de décembre 1675, les Anglais reprennent le dessus. La bataille de Great Swamp voit la destruction des alliés narragansetts de Philip. Deux défaites importantes dans les mois suivants obligent les Wampanoags à fuir vers les terres iroquoises, perdant leurs derniers alliés. Les Iroquois, alliés aux Anglais, attaquent à leur tour le roi Philip et ses hommes. Bientôt trahi par l'un de ses guerriers, le *sachem* est capturé et décapité. Cette guerre a fait de nombreuses victimes parmi les Indiens : on estime le nombre de morts à quelque 3 000 Indiens et à 800 colons.

DES TRIBUS EN PÉRIL

Dans les années et les siècles qui suivent, les tribus indiennes connaissent de nombreuses difficultés suite à l'établissement des colons. Eux qui étaient entre 9 et 11 millions à la fin du XVe siècle ne sont plus que 250 000 en 1890. Cette hécatombe est due notamment aux épidémies, mais aussi aux famines, provoquées entre autres par la chasse intensive du bison ou encore par l'appropriation de terres de culture par les colons.

Là où ceux-ci s'installent, les Indiens n'ont que deux choix : s'adapter et se convertir à leur religion, ou partir et laisser derrière eux une faune et une flore qu'ils jugent sacrés. On assiste alors à un véritable ethnocide dont la création des réserves indiennes au XIXe siècle et le déplacement forcé des tribus vers celles-ci constitueront le point d'orgue. Ainsi, si pour beaucoup d'Américains la fête de Thanksgiving commémore la fondation des Amériques, pour d'autres, elle cache un aspect bien plus sombre de l'histoire du pays.

- Les colons à l'initiative de la traversée de l'Atlantique à bord du *Mayflower* sont des puritains séparatistes anglais qui fuient les persécutions du roi d'Angleterre Jacques Ier. Ils trouvent refuge à Leyde, une province protestante hollandaise où la liberté de culte est de vigueur.

- Le départ pour le Nouveau Monde est motivé par la reprise des conflits entre les Provinces-Unies et l'Espagne et par le désir qu'ont les puritains de conserver des liens avec leur patrie d'origine. Les pèlerins négocient donc leur départ avec le gouvernement anglais et reçoivent des financements de la Compagnie de Virginie.

- Les pèlerins ne sont pas seuls à faire partie du voyage, ils emmènent des hommes de métier non séparatistes qui s'avéreront utiles lors de la construction du village.

- Le départ a lieu au début du mois de septembre 1620, depuis le port de Plymouth en Angleterre. La saison est déjà bien avancée, mais les pèlerins ne veulent plus attendre.

- La traversée dure 65 jours, durant lesquels des tensions émergent entre les pèlerins et les « étrangers ». La rédaction de la convention du *Mayflower* a pour but de réconcilier les deux parties afin de leur permettre de vivre ensemble.

- Le navire jette finalement l'ancre dans une région qu'ils baptiseront Plymouth, une zone située bien plus au nord que la destination initialement prévue.

- La terre sur laquelle les colons s'établissent est habitée depuis des siècles par les Wampanoags. Ils sont cependant très affaiblis par une grave épidémie qui sévit depuis trois ans et les tue par milliers.

- Profondément fragilisés et alors qu'une tribu ennemie, les Narragansets, les menace, les Wampanoags acceptent de former une alliance avec les colons. Ces derniers aident militairement les premiers en échange de conseils et d'aide pour installer une colonie viable.
- Alors que Plymouth se développe, d'autres colonies s'installent le long de la côte Atlantique, ce qui suscite l'inquiétude des Indiens. Pour tenter d'y mettre un terme, le fils de Massasoit prépare la guerre, mais elle se clôture sur un échec total pour les Indiens.

POUR ALLER PLUS LOIN

SOURCES BIBLIOGRAPHIQUES

- BARLOW (William), *The Summe of the Substance and the Conference which it Pleased His Excellent Majestie to Have with the Lords Bishops and Others of his Clergie (at which the Most of the Lords of the Council Were Present) in His Majesties Privie-Chamber, at Hampton Court, Jan. 14 1603*, s.l., Bye and Law Printers, 1804.
- BRADFORD (William), *Histoire de la colonie de Plymouth. Chroniques du Nouveau Monde (1620-1647)*, Genève, Labor et Fides, 2004.
- BRADFORD (William), *Of Plymouth Plantation (1620-1647)*, New York, Alfred A. Knopf, 1952.
- DOREL (Frédéric), « La thèse du génocide indien : la guerre de position entre science et mémoire », in *Amnis, revue de civilisation contemporaine Europe/Amérique*, 2006.
- MARTIN (Jean-Pierre), *Le puritanisme américain en Nouvelle-Angleterre (1620-1693)*, Bordeaux, Presses universitaires de Bordeaux, 1989.
- PHILBRICK (Nathaniel), *Mayflower : A Story of Courage, Community and War*, New York, Penguin Group, 2006.
- PHILBRICK (Nathaniel), *Mayflower. L'odyssée des pères pèlerins et la naissance de l'Amérique*, Paris, Jean-Claude Lattès, 2009.
- YOUNG (Alexander), *Chronicles of the Pilgrim Fathers of the Colony of Plymouth*, Boston, C.C. Little and J. Brown, 1841.

FILM ET DOCUMENTAIRE

- *Mayflower : The Pilgrim's Adventure*, film de George Schaefer, avec Anthony Hopkins, Richard Crenna et Jenny Agutter, États-Unis, 1979.
- *Terres indiennes. Au temps du Mayflower*, documentaire de Sharon Grimberg, Cathleen O'Connell et Chris Eyre, États-Unis, 2008.

www.50minutes.com

Éditeur responsable : Lemaitre Publishing
Rue Lemaitre 4 | BE-5000 Namur
info@lemaitre-editions.com

ISBN ebook : 978-2-8062-5940-0
ISBN papier : 978-2-8062-5941-7
Dépôt légal : D/2015/12603/130
Photo de couverture : © *Landing of the Pilgrim Fathers*, 1863.

Conception numérique : Primento,
le partenaire numérique des éditeurs